Sinai – Wo der Himmel die Erde berührt

Franz Lummer · Dionys Asenkerschbaumer

Sinai

Wo der Himmel die Erde berührt

gehen. hören. leben.

Dietmar Klinger Verlag

Bibliografische Information der Deutschen Nationalbibliothek

Die Deutsche Nationalbibliothek verzeichnet diese Publikation in der Deutschen Nationalbibliografie; detaillierte bibliografische Daten sind im Internet über http://dnb.d-nb.de abrufbar.

Mit freundlicher Unterstützung des Bau- und Kunstreferats des Bistums Passau

Umschlagabbildung: Beduine auf dem Moseberg
Idee und Konzept: Dr. Fanz Lummer
Gestaltung: Dionys Asenkerschbaumer
Prepress: a.b-PhotoDesign, Kellberg
Druck: Tutte Druckerei GmbH Salzweg
Bindung: Conzella Urban Meister GmbH, Pfarrkirchen
Papier: LuxoSatin, 170 g/m²
Schrift: Frutiger Next

www.klinger-verlag.de

ISBN 978-3-932949-94-4
Printed in Germany

Inhalt

Einführung

Die Halbinsel Sinai, Brücke zwischen den Kontinenten Afrika und Asien, gehört zu den Wüsten der Erde. Für die drei großen monotheistischen Religionen Judentum, Christentum und Islam hat diese Wüste eine besondere Bedeutung. Diese spiegelt sich in der Sprache der Bibel, im Hebräischen wider.

Das hebräische Wort für Wüste מִדְבָּר – midbar – hat unterschiedliche Bedeutungen: Es kann ein trockenes Gebiet mit Wasserarmut, Weidegebiete für Schafe und Ziegen bezeichnen, es kann sich auf die Sprechorgane, Zunge, Gaumen, Stimme beziehen, der Vorgang des Sprechens selber kann gemeint sein.

Midbar kann man auch mit: *Ort des Wortes, Sprechstätte* übersetzen. Die Wüste ist im Sinn der Bibel ein *sprechender Ort*.
So ist *Wüste* nicht nur eine geographische Bezeichnung, sondern ein existentiell-spiritueller *Ort* der außergewöhnlichen Erfahrung.

Alle Kulturen und Religionen der Welt kennen die Wüste als bevorzugten Ort der Begegnung. Von Mose und Elija über Jesus und Mohammed, stets gab die endlose Weite der Wüste den Horizont, in dem sich mit *einer Stimme verschwebenden Schweigens* (MARTIN BUBER) Gott vernehmen ließ.

Dieses sprechende Schweigen der Wüste Sinai möchten wir mit ansprechenden Bildern und wenigen Worten weitergeben.

Franz Lummer

gehen

Den eigenen Lebensweg suchen, finden, gehen.

Die biblischen Geschichten, die von Mose, dem Volk Israel, von Elija erzählen, sind exemplarische Weg-Geschichten. *Das klassische Bild des Weges in dieser Welt ist der Exodus, der Auszug des Volkes Israel aus Ägypten* (Eugen Baer). Wie in einem Spiegel lassen sich in den biblischen Texten die grundlegenden Themen des Lebens erkennen.

Die biblischen Geschichten sind performative Texte, die *jetzt* gelesen werden wollen, um *jetzt* eine Wirkung zu erzielen: Es geht um mich. Jetzt. In meiner eigenartigen Lebensgeschichte komme ich direkt vor. Diese Korrelation soll in den Texten und Bildern dieses Buches erkennbar werden.

hören

Wüste ist Sprech-Ort. Und Hör-Ort für den Menschen.

Um hören zu können, muss es still sein. Wie in der Wüste. Um den eigenen Weg zu finden, muss man innehalten, in sich hinein hören. Der Imperativ *Höre Israel!* (Deuteronomium 6) ist übertragbar auf das menschliche Leben.

leben

Ziel des Weges durch die Wüste ist: leben.

Der Weg durch die Wüste folgt einer attraktiven Vision – in den Bildern der Bibel – von einem *Leben in Fülle*, einem *Land voll Milch und Honig*. Die Kraft der Vision ermutigt zum Aufbruch ins Leben.

Ruhe und Einsamkeit sind die echten Güter unserer Zeit.

Pablo Picasso

Wenn alle Wege verstellt sind,
bleibt nur der Weg nach oben.

Franz Werfel

gehen

Der Herr sprach zu Mose: Und jetzt geh! Ich sende dich zum Pharao.
Führe mein Volk, die Israeliten, aus Ägypten heraus!

EXODUS 3

Mose

Mose weidete die Schafe und Ziegen seines Schwiegervaters Jitro, des Priesters von Midian. Eines Tages trieb er das Vieh über die Steppe hinaus und kam zum Gottesberg Horeb.
Dort erschien ihm der Engel des Herrn in einer Flamme, die aus einem Dornbusch emporschlug. Er schaute hin: Da brannte der Dornbusch und verbrannte doch nicht.
Mose sagte: Ich will dorthin gehen und mir die außergewöhnliche Erscheinung ansehen. Warum verbrennt denn der Dornbusch nicht?
Als der Herr sah, dass Mose näher kam, um sich das anzusehen, rief Gott ihm aus dem Dornbusch zu: Mose, Mose! Er antwortete: Hier bin ich.
Der Herr sagte: Komm nicht näher heran! Leg deine Schuhe ab; denn der Ort, wo du stehst, ist heiliger Boden.
Dann fuhr er fort: Ich bin der Gott deines Vaters, der Gott Abrahams, der Gott Isaaks und der Gott Jakobs. Da verhüllte Mose sein Gesicht; denn er fürchtete sich, Gott anzuschauen.
Der Herr sprach: Ich habe das Elend meines Volkes in Ägypten gesehen und ihre laute Klage über ihre Antreiber habe ich gehört.
Ich kenne ihr Leid.
Ich bin herabgestiegen, um sie der Hand der Ägypter zu entreißen und aus jenem Land hinaufzuführen in ein schönes, weites Land, in ein Land, in dem Milch und Honig fließen, in das Gebiet der Kanaaniter, Hetiter, Amoriter, Perisiter, Hiwiter und Jebusiter.
Jetzt ist die laute Klage der Israeliten zu mir gedrungen und ich habe auch gesehen, wie die Ägypter sie unterdrücken.
Und jetzt geh! Ich sende dich zum Pharao. Führe mein Volk, die Israeliten, aus Ägypten heraus!

Exodus 3

Der Dornbusch gilt für die Israeliten als wertlos, unbrauchbar, als trockenes Kraut am Rande der Wüste. So kann er für uns ein Bild sein für das Verdorrte und Starre in uns, für das Dürre und Leere, für das Übersehene und Verachtete, für das Gescheiterte und Verwundete in uns.

Doch ausgerechnet in diesem Dornbusch erscheint Gott dem Mose mit seiner Herrlichkeit. Gott ist wie eine Flamme, die aus dem Dornbusch emporschlägt und ihn doch nicht verbrennt. Gott verwandelt gerade das Öde und Leere, das Gescheiterte und Ausgebrannte, das Übersehene und Verachtete, das Verwundete und Verletzte in uns zum Ort seiner Gegenwart.

Es gibt nichts in meinem Leben, das keinen Sinn hätte, das nicht von Gott verwandelt werden könnte in Schönheit und Herrlichkeit. Der brennende Dornbusch verheißt uns, dass auch in uns die Liebe Vertrocknetes und Verdorrtes wieder zu Leben erwecken kann, dass die Liebe gerade das Verachtete und Schwache in Schönheit verwandeln kann. Die Liebe verwandelt, indem sie berührt.

Vielleicht ist dein Dornbusch die eigene Verletzlichkeit, die Einsamkeit, die Launenhaftigkeit, die innere Zerrissenheit. Mitten in den Dornen deines Alltags brennt das Feuer Gottes. Es macht alles an deinem Dornbusch hell und schön. Aber der Dornbusch verbrennt nicht. Er bleibt stachelig und welk. Dein Alltag bleibt Alltag. Aber wenn du die Schuhe ausziehst und alles ablegst, was dich festhält, kannst du mitten in deinem Alltag das Feuer der Liebe Gottes erkennen.

Anselm Grün

Das Neue, die Wandlung, kommt immer vom nicht beachteten, ja sogar verachteten Ort.

Carl Gustav Jung

Sehnsucht

Vom Tod umworben
ich sehne mich
nach vollerem Leben
nach Gesprächen
mit nahen Menschen

nach Worten die
eine neue Wirklichkeit
zaubern
nach meinem verborgenen Ich
das hinter der Zeit
das Wesen der Welt
manchmal ahnt

Rose Ausländer

Elija

Ahab erzählte Isebel alles, was Elija getan, auch dass er alle Propheten mit dem Schwert getötet habe.
Sie schickte einen Boten zu Elija und ließ ihm sagen: Die Götter sollen mir dies und das antun, wenn ich morgen um diese Zeit dein Leben nicht dem Leben eines jeden von ihnen gleich mache.
Elija geriet in Angst, machte sich auf und ging weg, um sein Leben zu retten. Er kam nach Beerscheba in Juda und ließ dort seinen Diener zurück.
Er selbst ging eine Tagereise weit in die Wüste hinein. Dort setzte er sich unter einen Ginsterstrauch und wünschte sich den Tod. Er sagte: Nun ist es genug, Herr. Nimm mein Leben; denn ich bin nicht besser als meine Väter.
Dann legte er sich unter den Ginsterstrauch und schlief ein. Doch ein Engel rührte ihn an und sprach: Steh auf und iss!
Als er um sich blickte, sah er neben seinem Kopf Brot, das in glühender Asche gebacken war, und einen Krug mit Wasser. Er aß und trank und legte sich wieder hin.
Doch der Engel des Herrn kam zum zweiten Mal, rührte ihn an und sprach: Steh auf und iss! Sonst ist der Weg zu weit für dich.
Da stand er auf, aß und trank und wanderte, durch diese Speise gestärkt, vierzig Tage und vierzig Nächte bis zum Gottesberg Horeb.

1 Könige 19

Elija

Dort ging er in eine Höhle, um darin zu übernachten. Doch das Wort des Herrn erging an ihn: Was willst du hier, Elija?
Er sagte: Mit leidenschaftlichem Eifer bin ich für den Herrn, den Gott der Heere, eingetreten, weil die Israeliten deinen Bund verlassen, deine Altäre zerstört und deine Propheten mit dem Schwert getötet haben. Ich allein bin übrig geblieben und nun trachten sie auch mir nach dem Leben.
Der Herr antwortete: Komm heraus und stell dich auf den Berg vor den Herrn! Da zog der Herr vorüber: Ein starker, heftiger Sturm, der die Berge zerriss und die Felsen zerbrach, ging dem Herrn voraus. Doch der Herr war nicht im Sturm. Nach dem Sturm kam ein Erdbeben. Doch der Herr war nicht im Erdbeben.
Nach dem Beben kam ein Feuer. Doch der Herr war nicht im Feuer. Nach dem Feuer kam ein sanftes, leises Säuseln.
Als Elija es hörte, hüllte er sein Gesicht in den Mantel, trat hinaus und stellte sich an den Eingang der Höhle.

1 Könige 19

ER im Feuer nicht –,
aber nach dem Feuer
eine Stimme verschwebenden Schweigens.
Es geschah, als Elijahu hörte:
er verhüllte sein Antlitz mit seinem Mantel,
er trat hinaus, stand am Einlaß der Höhle.
Da, eine Stimme an ihn,
es sprach:
Was willst du hier, Elijahu?

ER sprach zu ihm:
Geh, kehr um auf deinem Weg.

1 Könige 19, verdeutscht von Martin Buber

Alles was zur Tiefe drängt, braucht Behütung eines gütigen Abseits.

Gertrud von Le Fort

Nomaden

Wanderscharen die Wüste zaubert
Felsenfälle am Himmelsrand Fata Morgana

Lastzüge langmütiger Kamele
die alles tragen ertragen

Geduldige Schritte
zum nächsten Schatten
verborgene Quellen Schluchten
Oasenglück

Auf Steinhöhlen bewegen sich noch
anmutige Figuren geritzt
von längst Sandgewordenen

Sterne Liebe Tanz
Sandverwandlung
der unablässige Kreislauf

und Wanderer
die Frieden zaubern

Rose Ausländer

Wer an Gott glaubt, beschleunigt nicht.

JESAJA 28,16, verdeutscht von MARTIN BUBER

Mystische Menschen verstehen sich darauf, bei sich selbst zu Hause zu sein. Sie laden ein, innere Ruhe zu finden, den inneren Kraft Ort zu betreten, zu dem niemand Zutritt hat.
Innere Sammlung ist die Grundbedingung dafür, sich immer wieder auf den Weg zu machen.

Pierre Stutz

Gott ist ein Gott der Gegenwart. Wie er dich findet, so nimmt und empfängt er dich, nicht als das, was du gewesen bist, sondern als das, was du jetzt bist.

MEISTER ECKHART

Im dritten Monat nach dem Auszug aus Ägypten – am heutigen Tag – kamen sie in der Wüste Sinai an. Sie waren von Refidim aufgebrochen und kamen in die Wüste Sinai. Sie schlugen in der Wüste das Lager auf. Dort lagerte Israel gegenüber dem Berg.

Exodus 19

Der Auszug aus Ägypten ist ein Bild *jeder* Befreiung. Bis heute besteht der Brauch im Judentum zu sagen: Wir tun das zur Erinnerung an den Auszug aus Ägypten. Das ist keineswegs »historisch« gemeint. Der Auszug ist ein *immerwährendes Erlebnis* im Menschen selbst.
Mose ist einer, der den Weg bereitet.

Friedrich Weinreb

hören

Höre, Israel!
Er ist unser Gott! Er. Einer!

Deuteronomium 6, verdeutscht von Martin Buber

Sinai

In der dritten Mondneuung nach der Ausfahrt
der Söhne Jifsaels vom Land Ägypten,
genau auf den Tag,
kamen sie in der Wüste Sfinai an.
Sie zogen aus Refidim und kamen in die Wüste Sfinai,
und sie lagerten in der Wüste.
Dort lagerte Jisfrael, gegenüber dem Berg.
Mose stieg zu der Gottheit auf,
da rief ER ihm vom Berg
sprechend:
So sprich zum Hause Jaakobs,
melde den Söhnen Jifraels:
Selber habt ihr gesehen, was ich an Ägypten tat,
ich trug euch auf Adlerflügeln und ließ euch kommen zu mir.
Und jetzt, hört ihr, hört auf meine Stimme und wahrt meinen Bund,
dann werdet ihr mir
aus allen Völkern ein Sondergut.
Denn mein ist all das Erdland,
ihr aber,
ihr sollt mir werden
ein Königreich von Priestern,
ein heiliger Stamm.
Dies ist die Rede, die du zu den Söhnen Jfsraels reden sollst.

Exodus 19, verdeutscht von Martin Buber

Moseberg

Der Berg scheint ringsum zwar nur ein einziger zu sein; trittst du aber näher heran, sind es mehrere, aber alles heißt Berg Gottes; aber jener besondere, auf dessen Gipfelhöhe jener Ort ist, da herabstieg die Herrlichkeit Gottes, wie geschrieben steht, liegt in aller Mitte.
Und obwohl hier alle Berge ringsum so hoch sind wie ich sie noch nie gesehen zu haben glaube, so ist doch jener Berg in der Mitte, auf den herabstieg die Herrlichkeit Gottes, so viel höher als alle jene, dass, da wir ihn erstiegen hatten, alle jene Berge die wir als so hoch erblickt hatten, so tief unter uns lagen, als wären sie ganz kleine Hügelchen.
Das ist doch sicherlich sehr wunderbar und nicht, glaube ich, ohne die Gnade Gottes so, dass jener Mittelberg, der eigentlich Syna heißt, das ist der, auf den herabstieg die Herrlichkeit Gottes, obwohl er höher ist als alle, doch nur gesehen werden kann, wenn du an seinen Fuß kommst, ehe du ihn ersteigst; doch wenn du nach erfüllter Sehnsucht von ihm herabgestiegen bist, dann siehst du ihn von gegenüber, was man vor dem Aufstieg nicht machen kann.
Wir stiegen also Samstag abends in die Berge ein, und da wir zu Einsiedeleien kamen, nahmen uns dort die Mönche, die dort wohnten, sehr freundlich auf und boten uns alle Gastfreundschaft; dort ist auch eine Kirche mit einem Priester.
Dort nun steht jetzt eine Kirche, nicht sehr groß, weil auch der Platz selber, das ist die Gipfelhöhe, nicht sehr groß ist; doch hat die Kirche an sich viel Anmut.
Aber auf der Gipfelhöhe jenes mittleren Berges selbst wohnt niemand; dort ist nichts als die Kirche und die Höhe, wo der hl. Moses war.
Als wir so alle hl. Orte gesehen hatten, wonach wir verlangten, und auch alle Orte, die die Söhne Israels auf dem Hin- und Rückweg zu dem Berg Gottes berührt hatten, gesehen auch die hl. Männer, die dort wohnten, kehrten wir im Namen Gottes zurück nach Faran.

Pilgerbericht der Nonne Egeria, um 400

Geh in die Stille, denn sie wird dich alles lehren.

Mönchsvater Antonius

Sprache ist das Organ dieser Welt,
Schweigen ist das Geheimnis der künftigen.

Isaak der Syrer

Wir können nur hören, wenn wir stille sind.

Altägyptisches Wort

Wüste

ganz viel Himmel
ganz viel Erde
sonst nichts
            ganz still
            ganz leer
            ganz weit

kein Hintertürchen
kein doppelter Boden
Hochseil ohne Netz

mag ich dort hingehen?
mich aussetzen?
            der Stille
            der Leere
            der Weite

meiner Sehnsucht
meiner Einsamkeit
meiner Zerbrechlichkeit
            dem Himmel
            der Erde
            und DEM, der beides hält?

über IHN steht geschrieben:
»Auf deinem Weg durch die Wüste
wird ER dich tragen, wie Vater und Mutter ihr Kind.«

Vera Krause

Gott hat ein Land voller Wasser geschaffen, damit die Menschen leben können, und ein Land ohne Wasser, damit die Menschen Durst spüren. Dazu hat Gott die Wüste geschaffen: Ein Land mit und ohne Wasser, damit die Menschen ihre Seele finden.

Sprichwort der Beduinen

Geh ich zeitig in die Leere
Komm ich aus der Leere voll.
Wenn ich mit dem Nichts verkehre
Weiß ich wieder, was ich soll.

Bert Brecht

Die Leere ist das größte Geschenk
für den schöpferischen Menschen!
Weil er sie füllen muss!
Wie Gott auch die Leere der Welt füllen musste.

WOLFGANG JOOP

Der eine Gott kommt aus der Wüste. Mose, Jesus, Mohammed, alle, die den einen Gott gepredigt haben, kamen aus der Wüste. Sie ist der natürliche Ort des Monotheismus. Denn sie ist der Ort der Wahrheit.

S.C. Brant

Die Wüste ist die Matrix von Vorstellungen, die sich in uns erheben, weil dieser unbefleckte Raum uns ganz uns selbst überlässt, uns durch unsere eigene Nacktheit entblößt und keine Verschleierung und keine Lüge duldet. Sie ist absolute Lichtung, Durchleuchtung alles Zeitlichen.

J. Laccarière

Ich brauche dir nur eine einzige Durchquerung der Wüste aufzuerlegen, damit der Mensch in dir zum Vorschein kommt – wie ein Samenkorn, das aus seiner Hülse bricht – und damit sich der Geist und das Herz entfalten.

Antoine de Saint-Exupéry

Nur die Wüste ist ganz wahr. In ihrer ganzen Nacktheit stellt sie uns, ohne uns die Möglichkeit zur Ausflucht zu lassen, vor eine endgültige Entscheidung zwischen zwei Polen: Gott oder das, was ER nicht ist.

René Voillaume

Ich hebe meine Augen auf zu den Bergen: woher kommt mir Hilfe?

Psalm 121

Alles, was in einem Menschen gut ist, ist von Anfang an Stille. Jede Entscheidung, die in ihrer tiefsten Bedeutung gut ist, ist still, denn sie hat Gott als Mitwisser.

Søren Kierkegaard

Wer es zulässt, dem schauen die Heiligen mit ihrer schweigenden Frontalität direkt ins Herz

Erzbischof Damianos, Abt des Katharinenklosters

leben

Ich aber trat zu dir und ich sah dich, wie du zappeltest in deinem Blut: LEBE! »In deinem Blut lebe!«

Ezechiel 16

Den Himmel und die Erde rufe ich heute als Zeugen gegen euch an. Leben und Tod lege ich dir vor, Segen und Fluch.
Wähle also das Leben, damit du lebst, du und deine Nachkommen.
Liebe den Herrn, deinen Gott, hör auf seine Stimme und halte dich an ihm fest; denn er ist dein Leben.
Er ist die Länge deines Lebens, das du in dem Land verbringen darfst, von dem du weißt: Der Herr hat deinen Vätern Abraham, Isaak und Jakob geschworen, es ihnen zu geben.

DEUTERONOMIUM 30

Faszinierende Schöpfung

Deine Spuren
entdecke ich im Tau auf den Feldern
Du atmest in jeder Pflanze
Du lebst in der geheimnisvollen Stille der Wüste
die Psalmen erzählen von Deiner Größe
die Oasen und Meere holen uns hinein
in Deine Kreativität
der Sternenhimmel lässt mich staunen

Du Freundin Geist
bist der verbindende Atem der Schöpfung
bewege uns zu achtsamer Sorgfalt
schenke uns Kraft und Frieden
im Einstimmen ins Lob Deiner Schöpfung

Pierre Stutz, nach Psalm 29

Der Augenblick

Mein sind die Tage nicht, die mir die Zeit genommen.
Mein sind die Tage nicht, die erst noch werden kommen.
Der Augenblick ist mein, und nehm ich den in acht,
so ist der mein, der Zeit und Ewigkeit gemacht.

Andreas Gryphius

sola gratia

einen engel
wünsche ich allen
die ohne grund
lächeln: aus
gottes grazie
allein

Kurt Marti

SCHOOL

Alles ist geschaffen von Gott,
uns, den Menschen aber, gab er die Weisheit.

Jesus Sirach 43

Da formte Gott, der Herr, den Menschen aus Erde vom Ackerboden und blies in seine Nase den Lebensatem. So wurde der Mensch zu einem lebendigen Wesen.
Dann legte Gott, der Herr, in Eden, im Osten, einen Garten an und setzte dorthin den Menschen, den er geformt hatte.
Gott, der Herr, ließ aus dem Ackerboden allerlei Bäume wachsen, verlockend anzusehen und mit köstlichen Früchten, in der Mitte des Gartens aber den Baum des Lebens und den Baum der Erkenntnis von Gut und Böse. Gott, der Herr, nahm also den Menschen und setzte ihn in den Garten von Eden, damit er ihn bebaue und hüte.

GENESIS 2

Lobe den Herrn meine Seele!
Herr mein Gott, wie groß bist du!
Du bist mit Hoheit und Pracht bekleidet.
Du hüllst dich in Licht wie in ein Kleid,
du spannst den Himmel aus wie ein Zelt.

Herr, wie zahlreich sind deine Werke!
Mit Weisheit hast du sie alle gemacht,
die Erde ist voll von deinen Geschöpfen.

Ich will meinem Gott singen,
solange ich lebe,
will meinem Gott spielen,
solange ich da bin.

PSALM 104

Du liebst alles, was ist, und hassest nichts, was du gemacht hast.
Du achtest auf alles, denn alles ist dein, Herr, du Liebhaber des Lebens,
und dein unvergänglicher Geist ist in allem.

Weisheit Salomons 11

Gott atmet in allem, was lebt.

HILDEGARD VON BINGEN

Sonnengesang

Höchster, mächtiger, gütiger Herr, dein ist der Preis, die Herrlichkeit, die Ehre und jeglicher Segen: Dir allein gebühren sie, und der Menschen keiner ist würdig, dich zu nennen.

Sei gepriesen, mein Herr, mit allen deinen Geschöpfen, vornehmlich mit unserer Schwester, der Sonne: Sie wirket den Tag und schenkt uns durch ihn das Licht. Schön ist sie und strahlend in großem Glanze und deines Wesens, Allerhöchster, ein Gleichnis.
Sei gepriesen, mein Herr, durch unseren Bruder, den Mond, und die Sterne: Du hast sie am Himmel gebildet, leuchtend, kostbar und schön.
Sei gepriesen, mein Herr, durch unseren Bruder, den Wind, durch die Luft und die Wolken, durch die heiteren und düsteren Tage, durch welche du deinen Geschöpfen Dauer verleihst.
Sei gepriesen, mein Herr, durch unsere Schwester, das Wasser: Nützlich ist es sehr, voll Demut, köstlich und keusch.
Sei gepriesen, mein Herr, durch unseren Bruder, das Feuer, durch welches du die Nächte erleuchtest. Schön ist es, heiter, sehr stark und gewaltig.
Sei gepriesen, mein Herr, durch unsere Schwester, die Mutter Erde, welche uns nährt und erhält und viele Früchte gebiert und bunte Blumen und Kräuter.
Sei gepriesen, mein Herr, durch die, welche verzeihen aus Liebe zu dir, die ausharren in Mühsal und Leid. Selig die, welche dulden in Frieden, denn du, Allerhöchster, wirst sie krönen.
Sei gepriesen, mein Herr, durch unseren Bruder, den leiblichen Tod:
Keiner der Lebenden kann ihm entrinnen.

Preiset und lobet meinen Herrn und saget ihm Dank:
Und dienet ihm in großer Demut.

Franz von Assisi

Sonnenhymnus

Schön erglänzest am Himmel du,
lebendiger Aton, Spender des Lebens.
Wenn du aufgehst am östlichen Lichtort,
erfüllst du alle Lande mit deiner Schönheit.
Herrlich, groß und glänzend stehst du über dem Land,
deine Strahlen umarmen die Erde
bis ans Ende der geschaffenen Welt.

Fern bist du, doch gibst du der Erde Licht.
Im Angesicht der Menschen leuchtest du auf,
doch deinen Weg sehen wir nicht.

Wie viel ist alles, was du geschaffen,
und wie verhüllt dem Einblick des Menschen.
Du einziger Gott,
du schufst die Erde nach deinem Herzen
mit Menschen, Herden und allem Vieh,
mit allem, das sich auf Füßen bewegt,
mit allem, das schwebt und fliegt mit den Flügeln.

Aller Augen sehen auf dich,
du bist der Eine, wenn du aufgehst
in deiner Gestalt als lebendiger Aton,
wenn du glänzt und leuchtest,
wenn du gehst und zurückkommst.

Auch wenn du untergehst, bist du in meinem Herzen.

Pharao Amenophis IV, Echnaton

Du strömendes Du

Wie Tau auf den Gräsern
liegst du auf meinen Gedanken.
Wie ein Morgen breitest Du Dich aus
über meine Tiefen.
Wie ein Abend hüllst Du uns ein
in Deinem Schweigen,
Du bleibendes Antlitz
hinter unseren flüchtigen Blicken,
Du strömendes Du hinter meiner Maske
Du Ozean in den Augen der Guten
Du Friede in den Händen der Liebenden,
Du reiches, fließendes,
unaufhaltsames, unerschöpfliches Du!
Du helles, Du dunkles Du!
Du überdachst mich mit dem Zelt
Deines Alls.
Du birgst mich,
Du erziehst mich zur Weite,
indem Du mich aus dem Paradies vertreibst.
Du hast mich aus dem Nest geworfen.
Einen unruhigen Geist hast Du
in meinen Lehm gehaucht.
Du lässt mich nicht ruhen.
Wie Abraham
drängst Du mich aus Ur in Chaldäa.
Jahrzehnte werden vergehen,
bis Licht und Dunkel geeint sind in mir,
wie sie eins sind in Dir.

Martin Gutl

In der Wüste suche ich dein Angesicht,
in der Wüste ernährt mich dein Brot.
Ich fürchte nicht, in deiner Spur zu gehen,
dein lebendiges Wasser sprudelt für meinen Durst.

In der Wüste höre ich dein Wort,
in der Wüste, fern vom Lärm,
tröstet mich die Erinnerung an dein Gesetz
Verborgener Gott,
du willst zu meinem Herzen sprechen.
In der Wüste atme ich deine Luft.
In der Wüste wohnt der Geist,
er ist die Kraft am Morgen, die mich treibt.
Er ist das Feuer,
das mir vorausgeht in der Nacht.

Bischof Reinhard Lettmann

Der Auszug aus Ägypten und die vierzigjährige Wanderung durch die Wüste wird zum Archetyp der menschlichen Pilgerschaft.

Eugen Baer

Ja, die Wüste ist ein Ort der Spiritualität und Inspiration: ein Ort, der die Seele reinigt und den Kopf klar macht, ein Ort, den ich wieder und wieder mit einem Gefühl verlasse, als sei ich neu geboren.

Brahim Jabir

Der Himmel

Halt an, wo läufst du hin?
Der Himmel ist in dir.
Suchst du Gott anderswo,
du fehlst ihn für und für.

Angelus Silesius

Über die Stille

Wer Klang wirklich in seiner ganzen Dimension aufnehmen will, muss Stille erfahren haben.

Stille als wirkliche Substanz, nicht als Abwesenheit eines Geräuschs. Diese echte Stille ist Klarheit, aber nie Farblosigkeit, ist Rhythmus, ist Fundament allen Denkens, darauf wächst alles Schöpferische von Wert.

Alles, was lebt und dauert, entsteht aus dem Schweigen; wer diese Stille in sich trägt, kann den lauten Anforderungen von außen gelassen begegnen.

Yehudi Menuhin

Durst nach Wüste

die Wüste hats dir angetan
unhörbar lockt ihr Fernruf
dich aus innerer Enge
in die Weite des Sandes

im großen Schweigen der Landschaft
gelten keine Parolen mehr
und alles Laute in dir verstummt
Reinigung der Lärmverschmutzung
die Stille heilt alle Wortwunden

das zerrissene Trommelfell
wächst wieder zusammen
dein Ohr findet wieder nach Hause

und du beginnst zu hören
dass das Lautlose keine Leere ist
das Schweigen ist vielmehr bewohnt
von einem leisen Geheimnis

das auf dich wartet
und in dir erwacht
unstillbar der Durst
nach Gott

Andreas Knapp

Die Sprache hat sowohl für die physischen wie für die geistigen Dimensionen des Weges bloß das eine Wort: »Weg«.

Und gerade dies macht die unermessliche Tiefe der Sprache aus.

Ob wir wollen oder nicht, wir erleben den Weg immer in dieser Doppelheit von Unendlichkeit und Begrenztheit.

Wir wissen um das Ewige, weil uns das Zeitliche nicht genügt.

Eugen Baer

Fotoverzeichnis

FL = Foto Franz Lummer, DA = Foto Dionys Asenkerschbaumer

44
Schafhirtinnen (FL)

45
Beduinen auf ihren Kamelen (FL)

46
Wadi Talla (FL)

47
Aufstieg nach Sarabit el Khadim (FL)

48
Baum bei Sarabit el Khadim (FL)

51
Beduine beim Gebel Abu Gruun (FL)

52
Bei Sarabit el Khadim (FL)

55
Gebel Abu Gruun (FL)

56
Morgenstimmung im Wadi Gharba (FL)

59
Auf dem Moseberg (DA)

60
Moseberg mit Kirche und Moschee (FL)

62
Relief an der Kirche auf dem Moseberg (FL)

63
Kirche auf dem Moseberg (FL)

64
Auf dem Weg zum Moseberg (FL)

66
Einsiedelei in der Nähe des Katharinenklosters (FL)

67
Gebel Abu Gruun

68/69 Bei Aqrat Safha (FL)

71
Wadi Buleia (FL)

72
Wadi Zuweitin (FL)

73
Wadi Zuweitin (FL)

74
Wadi Foqa (FL)

77
Auf dem Moseberg (DA)

78
Farsh Umm Sila, Ausblick zum Golf von Suez (FL)

81
Lavasäulen im Wadi Foqa (FL)

82
Morgenstimmung bei Sarabit el Khadim (FL)

85
Felsformation beim Wadi Shagg (FL)

86
Blick vom Moseberg auf die Elia-Mulde (DA)

87
Moseberg mit Kirche und Moschee (FL)

89
Der Katharinenberg, 2642 m (FL)

90/9
Das Katharinenkloster (FL)

92 (l.)
Marienikone (6. Jh.) im Museum des Katharinenklosters (DA)

92 (r.)
Hl. Petrus (6. Jh.) im Museum des Katharinenklosters (DA)

93
Christusikone (6. Jh.) im Museum des Katharinenklosters (DA)

94
Weintrauben in einem Garten im Wadi Zuweitin (FL)

96
Beduine beim Morgengebet im Wadi Gibal (FL)

98
Granatapfelbäume beim Katharinendorf (FL)

99
Granatapfelblüten im Wadi Tinya (FL)

99
Granatapfelblüten im Wadi Tinya (FL)

99
Granatapfelblüten im Wadi Tinya (FL)

100
Granatäpfel (FL)

103
Beduinenmädchen vor der EcoLodge im Wadi Gharba (FL)

104
Beduinenmädchen bei der Eco-Lodge im Wadi Gharba (FL)

105
Beduinenmädchen bei der Eco-Lodge im Wadi Gharba (FL)

105
Beduinenmädchen bei der Eco-Lodge im Wadi Gharba (FL)

105
Beduinenmädchen bei der Eco-Lodge im Wadi Gharba (FL)

106
Beduinenjunge (FL)

107
Beduine (FL)

108
Sheikh Dschamil (FL)

110
Beduine (FL)

111
Beduinenkoch Sayed Mousa (FL)

112
Beduinenmädchen im Wadi Feiran (FL)

11
Beduinengarten im Wadi Gibal (FL)

115
Palmenoase im Wadi Feiran (FL)

116
Beduinenhaus im Wadi Feiran (FL)

117
Beduinenjunge im Wadi Gibal (FL)

118
Beduinenjunge (FL)

119
Ziegen beim Naqb el Hawa (FL)

121
Libelle (FL)

122
Beerenstrauch (FL)

123
Stockrose (FL)

124
Kapernblüte (FL)

126
Wüstenpflanze (DA)

127
Distel (FL)

128
Distel (FL)

129
Vertrocknete Distel (FL)

130
Strauch (FL)

133
Blühende Distel (FL)

134
Stockrose (FL)

136
Weißdornstrauch (FL)

137
Olivenbäume im
Wadi Zuweitin (FL)

138
Beerenbaum im
Wadi Gharba (FL)

140
Beduinengarten
im Abu Giffa (FL)

141
Beduinengarten
im Wadi Tubuk (FL)

142
Weißdornstrauch (FL)

143
Weißdornstrauch (FL)

144
Schirmakazie (FL)

147
Drei Palmen (DA)

148
Naturwasserbecken
in Galt el Acraq (FL)

149
Naturwasserbecken
in Galt el Acraq (FL)

149
Naturwasserbecken
in Galt el Acraq (FL)

151
Wadi Gharba (FL)

Textquellen

S. 11 Eugen Baer, Hier und Dort. Friedrich Weinrebs Gedanken über das Geheimnis des Weges, Zürich 2008, S. 78.
S. 20 Anselm Grün, Mit Herz und allen Sinnen. Jahreslesebuch, Freiburg 1999, S. 213, 313.
S. 24 zitiert in: Jürgen Kugele, Der Ruf zur Wandlung in Konzernen und Jobzentren. Die Nomaden der westlichen Welt kennen die Einsamkeit und Nichtigkeit, in: Publik-Forum Extra. Die Wüste 3/07, S. 27.
S. 27 Rose Ausländer, Treffpunkt der Winde. Gedichte, Frankfurt 2002, S. 36.
S. 43 Rose Ausländer, Treffpunkt der Winde. Gedichte, Frankfurt 2002, S. 8.
S. 49 Pierre Stutz, Der Stimme des Herzens folgen. Jahreslesebuch, Freiburg 2005, S. 249.
S. 50 Verstehen durch Stille: Loccumer Brevier, Hannover 2001, S. 301.
S. 54 Friedrich Weinreb, Kabbala im Traumleben des Menschen, Weiler 1996, S. 303, 304.
S. 61f. Pilgerbericht der Nonne Egeria (um 400) Peregrinatio Egeriae, in: Herbert Donner, Die ältesten Berichte christlicher Palästinapilger (4.–7. Jh.), Stuttgart 2002, S. 82f.
S. 70 Vera Krause, in: Misereor Fasten Kalender 2008.
S. 75 Bert Brecht, Geh ich zeitig in die Leere, Berthold Brecht. Werke. Große kommentierte Berliner und Frankfurter Ausgabe. Hg. v. Werner Hecht, Jan Knopf, Werner Mittenzwei und Klaus-Detlev Müller. Band 15, Frankfurt 1993, S. 445.
S. 76 Wolfgang Joop, Süddeutsche Zeitung 10./11.3.2007, Interview.
S. 79 zitiert in: Gisbert Greshacke, Eine Landschaft wir das Leben. Atemberaubend schön und gnadenlos öde, in: Publik-Forum Extra. Die Wüste 3/07, S. 20.
S. 80 zitiert in: Gisbert Greshacke, Eine Landschaft wie das Leben. Atemberaubend schön und gnadenlos öde, in: Publik-Forum Extra. Die Wüste 3/07, S. 21.
S. 81 Antoine de Saint Exupéry, Wind Sand und Sterne, in: Romane und Dokumente, Düsseldorf 1966.
S. 82 zitiert in: Gisbert Greshacke, Eine Landschaft wie das Leben. Atemberaubend schön und gnadenlos öde, in: Publik-Forum Extra. Die Wüste 3/07, S. 21.
S. 92 Erzbischof Daminaos, Abt des Katharinenklosters, in: Welt und Umwelt der Bibel, Stuttgart 1/2005, S. 5.
S. 99 Pierre Stutz, Der Stimme des Herzens folgen. Jahreslesebuch, Freiburg 2005, S. 141.
S. 101 Andreas Gryphius, Der Augenblick, in: Verstehen durch Stille: Loccumer Brevier, Hannover 2001, S. 144
S. 102 Kurt Marti, Sola gratia, in: Verstehen durch Stille: Loccumer Brevier, Hannover 2001, S. 175.
S. 125 Franz von Assisi, Sonnengesang, in: Loccumer Brevier, Hannover 2001, S. 250.
S. 131 Pharao Amenophis IV, Echnaton (1364–1347 v. Chr.), in: Jörg Zink, Entdecken, was uns verbindet. Spirituelle Texte aus allen Religionen der Erde, Stuttgart 2008, S. 52f.
S. 132 Martin Gutl, Du strömendes Du, in: Loccumer Brevier, Hannover 2001, S. 267.
S. 135 Reinhard Lettmann, Zeit der Gnade – Gedanken an der Wende des Jahrtausends, Kevelaer 2000.
S. 136 Eugen Baer, Hier und Dort. Friedrich Weinrebs Gedanken über das Geheimnis des Weges, Zürich 2008, S. 36.
S. 139 Brahim Jabir, Unterwegs im Garten Allahs, in: Publik-Forum Extra. Die Wüste 3/07, S. 7.
S. 145 Angelus Sielesius, in: Loccumer Brevier, Hannover 2001, S. 53.
S. 146 Zitiert in: Andrea Langenbacher, Ich höre jeden Tag den neuen Anfang. Inspirationen für alle Tage des Jahres, Ostfildern 2006, S 43 f.
S. 149 Andreas Knapp, www.kleineschwesternjesu.net.
S. 150 Eugen Baer, Hier und Dort. Friedrich Weinrebs Gedanken über das Geheimnis des Weges, Zürich 2008, S. 17.

Soweit nicht anders angegeben, entstammen die Übersetzungen der Bibelzitate der Einheitsübersetzung, hrsg. vom Katholischen Bibelwerk, Stuttgart. Die Übersetzungen einzelner Bibelverse von Martin Buber entstammen aus »Die Schrift«; die Rechte dafür liegen bei der Gütersloher Verlagshaus GmbH, Gütersloh.

Die übrigen Zitate sind über Jahre hinweg gesammelt, deshalb ist es nicht mehr in jedem Fall möglich, die ursprünglichen Quellen nachzuweisen. Für Hinweise sind wir dankbar.

Für die Abdruck-Genehmigungen danken wir sehr herzlich.